Bruno Blume Jacky Gleich

Im Broccoliwald

Eine bäumige Reise nach Afrika

für ALAYA!

»Uff!«, stöhnt Emma.
Es ist Dienstag.

Dienstag ist Großmuttertag.
Und Großmuttertag ist Broccolitag.

»Muss ich das essen?«, jault Paul.

»Das schmeckt!«, ruft Großmutter aus der Küche.

Auch Emma stochert nur im Teller herum.

Jeden Dienstag gibt es bei Großmutter dieses Grünzeug.

»Ich kann doch keine Bäume essen!«, murrt Paul und schiebt seinen Teller weg.

»Bäume?«, wiederholt Emma nachdenklich. Ein Lächeln huscht über ihr Gesicht. Sie nimmt ein Stück Broccoli und stellt es auf den Tisch. »Stimmt: Ein Baum. Steht sogar.«

Pauls Gesicht hellt sich auf, als er das sieht. Und auch er fingert die grünen Stückchen aus seinem Teller.

»Nun esst das Gemüse einfach!«, ruft Großmutter wieder aus der Küche. »Wenn ihr so lang dafür braucht, wird es immer mehr. Broccoli schmeckt und ist gesund. Wir haben früher nur Gemüse und Kartoffeln gegessen. Fleisch gab es nur sonntags und Süßigkeiten nur zu Ostern und Weihnachten. Aber wenn ihr schön aufesst, bekommt ihr auch Pudding.«
Sie kommt zur Tür herein – und muss sich vor Schreck am Türrahmen festhalten. Die Kinder sind verschwunden!

»Wo sind wir?«, wundert sich Paul. Er vergisst völlig zu murren.
»Ich würde sagen, im Wald«, meint Emma strahlend und nimmt seine Hand.
Sie wandern zwischen den Stämmen durch, die noch immer in die Höhe schießen.
»Zum Glück müssen wir das nicht essen!«, murmelt Paul.
»Essen?«, wiederholt Emma. Ihre Augen funkeln. »Wir können ja mal kosten. Ist vielleicht Zuckerzeugs geworden, wie bei Hänsel und Gretel.«
Paul ist nicht überzeugt.
»Oder es lässt uns wachsen, wie bei Alice im Wunderland.«
Paul verzieht sein Gesicht.
»Oder es macht uns unbesiegbar, wie Siegfried«, versucht es Emma, aber Paul ruft:
»Quatsch! Der hat im Drachenblut gebadet.«

»Dann kostest du eben nicht«, gibt Emma zurück und macht sich daran, ein Stück von einem jungen Baum abzubrechen. Doch der wächst schneller, als Emma loslassen kann.
Paul erwischt gerade noch Emmas Fuß, schon sausen sie steil in die Höhe.
»Ich kann nicht mehr!«, ruft Paul, der schon ganz wabbelig ist.
Emma schaut besorgt zu ihrem Bruder. Da sieht sie, wie unter ihm ein Ast aus dem Stamm wächst.

»Das war knapp«, keucht Emma, während der Baum weiter und weiter wächst. Bis die Kinder nicht mehr über den Rand des Astes schauen können und schließlich in einer Ritze der Rinde verschwinden.
»Ganz schön dunkel für so kleine Käfer, wie wir es jetzt sind«, bemerkt Emma.
Paul bricht ein morsches Stück Rinde ab, das grünlich leuchtet. Er hält es wie eine Lanze.
»Siehst du? Licht und Waffe in einem! Musst keine Angst haben!«, verkündet er stolz und stapft los – genau in ein dunkles Loch hinein.
Dahinter erstreckt sich ein langer Gang. Links und rechts gehen unzählige Seitengänge ab, wie in einem Irrgarten. Plötzlich hören sie ein lautes Kratzen von irgendwoher. Und es kommt rasch näher.

Wie angewurzelt und mit aufgerissenen Augen starren die Kinder in die Dunkelheit, aus der ein riesiger Käfer gepoltert kommt.

»Nesträuber! Ich sehe Nesträuber!«, schnarrt der Borkenkäfer und geht auf die beiden los.

Ohne nachzudenken sagt Paul: »Was gibt es denn hier zu rauben? Deine Eier etwa? Was sollen wir mit deinen Eiern anfangen?«

Doch Emma packt ihn am Kragen und zieht ihn zum Ausgang. Aber die Höhle wird immer enger. Oder werden sie größer?

»Los, Paul! Wir müssen hier raus!«, ruft Emma. Sie ist als Erste am Eingang und klettert mühsam hinaus, aber für Paul ist es zu spät: Er bleibt mit den Beinen im Loch stecken!

»Mach mit«, schimpft Emma, die mit aller Kraft an Paul zieht. Aber es hilft nichts. Sie wachsen weiter, nur Pauls Füße können nicht.
Da ertönt plötzlich ein Knall und der Baum erzittert wie bei einem Erdbeben. Von der Wucht wird Paul aus dem Loch geschleudert. Er fällt in weitem Bogen in die Tiefe und zieht Emma, die an seiner Hand hängt, mit sich.
Als Paul einen Ast fassen will, hören sie den gleichen Krach und der Ast schlägt gewaltig aus. Die Kinder werden zum nächsten Baum geschleudert.
Eine tiefe Stimme schallt durch den Wald: »Baum fäääääällt!«
Und im selben Moment kracht der mächtige Baum, auf dem sie eben noch den Borkenkäfer getroffen haben, zwischen den anderen Bäume zu Boden.

Schon ertönt der Ruf von neuem und wieder donnert ein Baum in die Tiefe. Die Sägen heulen, die Äxte hämmern, die beiden Kinder halten sich die Ohren zu. Paul schaut Emma ängstlich an. Sie weiß, was er denkt: Was, wenn der Baum geschlagen wird, auf dem sie sitzen?
»Da seid ihr ja«, mummelt es plötzlich hinter ihnen. »Dann kann ich ja endlich los.«
Da Emma und Paul das Eichhörnchen nur stumm anstarren, fügt es hinzu: »Ich bin das letzte Eichhörnchen in diesem Wald. Schaut euch doch um: Diesen Wald wird es bald nicht mehr geben. Alle Tiere hauen ab. Jetzt habt ihr mich abgelöst und ich kann gehen. Tschühüss!«
Es patscht den Kindern mit seinem Pfötchen auf den Kopf und hops, verschwindet es zwischen den Ästen.

»Schau mal, Emma, da ist noch ein Einhörnchen. Da, vor mir.« Und er zeigt auf das Eichhörnchen, doch er streckt nicht seinen Arm aus, sondern eine zierliche kleine Pfote.
Emma quiekt vor Überraschung. »Bist du das, Paul?«, fragt sie und unterdrückt ihr Lachen.
Das Eichhörnchen ihr gegenüber reißt die Augen auf und antwortet mit Pauls Stimme: »Du bist ja das Eichhörnchen, Emma!«
Sie beschnuppern sich ausgiebig.
»Müssen wir jetzt immer Eichhörnchen bleiben?«, fragt Paul weinerlich.
Emma überlegt. »Vielleicht nur bis wir ein anderes finden. Das hat doch das Eichhörnchen auch so gemacht.«
»Es hat aber auch gesagt, dass wir die letzen sind«, meint Paul düster.
Da fängt auch dieser Baum an zu schaukeln. Als Eichhörnchen haben sie zum Glück keine Mühe, sich festzuhalten.

Diesmal fällt der Baum nicht, sondern - er geht los! Er stapft durch den Wald und brummelt vor sich hin: »Was die Eichhörnchen können, kann ich schon lange. Ich gehe auch!«
»Wo willst du denn hin?«, fragt Emma den Baum, nachdem sie es sich auf einer Astgabel gemütlich gemacht hat.
»Ich will nach Afrika. Ich träume schon so lange vom Urwald.«
»Afrika liegt im Süden«, weiß Paul, der an einem dünnen Ast schaukelt. »Einfach immer geradeaus, bis zum Mittelmeer. Gleich dahinter fängt Afrika an.«
Als sie zum Strand kommen, dämmert es. Der Baum streckt vorsichtig eine Wurzel ins Wasser, das angenehm warm ist. Er lässt sich sanft ins Wasser gleiten und von den Wellen treiben.
Emma und Paul finden eine gemütliche Höhle im Stamm, wo sie vom leichten Schaukeln und Plätschern in den Schlaf gewiegt werden.

»Wo sind wir?«, fragt Paul verwirrt. Nur langsam fällt ihm alles wieder ein. Er fühlt sein Fell, ihm ist heiß. Als er aus der Baumhöhle klettert, findet er Emma auf einem Ast und rund um sie herum ist – nichts. Nur Sand.
»Die Sahara«, flüstert er beeindruckt.
Emma schüttelt sich den Schweiß aus dem Fell.
Der Baum marschiert wacker weiter. »Ich gebe nicht so leicht auf. Wenn ich das Meer überquert habe, kann ich auch die Wüste durchqueren.«
Aber es wird heißer und heißer. Der Baum verliert immer mehr Blätter. Er kommt nur noch langsam vorwärts und – er schrumpft!
Bald ist er so klein, dass die Geschwister nicht mehr auf ihm sitzen können. Sie springen runter und ziehen sich das Fell aus.
»Schon besser«, seufzt Emma.

Als die Sonne am höchsten steht, ist der Baum so klein geworden, dass Emma ihn unter den Arm nehmen kann. Doch auch den Kindern schwinden die Kräfte. Die Hitze trocknet sie aus, bis sie dünn und dürr wie ein abgeworfenes Laubblatt sind.
Erst gegen Abend kommt endlich ein leichter Wind auf, die Hitze lässt nach. Doch die Brise wird stärker, wirbelt Sand auf, wird zum Sturm und packt die drei dürren Gestalten.
Die ganze Nacht heult der Sturm und treibt die drei mitten in einer riesigen Wolke aus Sand weiter südlich.

»Mäh«, meckert eine Ziege.
»Bäh!«, jammert Paul. »Hör doch auf, an mir rumzuschlabbern!«
Mit Sonnenaufgang hat sich der Sturm gelegt und sie am Rand der Wüste, im Sahel, fallen lassen. Die Ziege macht sich wieder daran, die kargen Grasbüschel auszureißen.
»Wir brauchen Wasser«, stöhnt Emma. Aber weit und breit ist kein Brunnen und keine Wasserstelle zu sehen. Welk und bewegungslos liegen sie im Sand. Sehen können sie zum Glück. Aber was Paul sieht, macht ihm Angst. »Ich glaub, die Wüste rückt näher«, raunt er Emma zu. Sie starren die hohe Sanddüne an, die langsam auf sie zukommt.
Plötzlich ruft der Baum um Hilfe. Die Ziegen haben rundherum alles Grüne abgefressen und knabbern jetzt an seinen letzten Blättern. »Weg mit euch!«, schimpft Emma, ohne dass sie etwas dagegen unternehmen kann. »Husch! Weg, ihr blöden Viecher!«
Die Ziegen fressen unbeirrt weiter. Sie lassen sich doch von dürrem Laub nicht vertreiben!

Während sich die Kinder mit den störrischen Tieren abmühen, nähert sich rasch eine große, brummende Staubwolke. Die Ziegen springen vor dem heranbrausenden Auto nach allen Seiten davon. Mit quietschenden Bremsen stoppt es vor dem kleinen Baum.
Die Kinder werden vom Fahrtwind hochgewirbelt und landen in einem Wasserfass auf der Ladefläche.
Die Fahrerin steigt aus, betrachtet erstaunt das mickrige Bäumchen. Dann legt sie es behutsam auf den Nebensitz und fährt weiter.

»Hast du uns was mitgebracht«, bestürmen die Kinder die Frau, die den Wagen vor den Hütten des Dorfes zum Stehen gebracht hat.

»Ziegen habe ich keine erwischt, aber dieses fremdartige Bäumchen habe ich gefunden. Wasser hab ich außerdem mitgebracht.«

»Und uns!«, prustet Paul, als er mit Emma aus dem Wasserfass steigt, endlich wieder in normaler Größe und Form.

Die Dorfbewohner staunen nicht schlecht, als sie die weißen Kinder sehen. Sie lassen sich ihre ganze Reise erzählen und auch vom Wald, in dem der Baum gestanden hat. Dann zeigen sie ihnen die langen Maschendrahtzäune, hinter denen alles grünt, wächst und blüht.

»Ach so«, sagt Emma, »der Zaun hilft gegen die Ziegen.«

Ein kleines Mädchen nickt: »Wir müssen nichts machen, nur Zäune aufstellen.«

Ein Junge erklärt: »Sonst würde hier im Sahel alles verwüsten. Aber von den Bäumen haben wir Nüsse, Blätter und Schatten. Und natürlich Früchte. Wollt ihr kosten?«
Emma und Paul essen sich endlich satt. Sie essen immer mehr von dem herrlichen Obst, ohne zu merken, dass sie davon wieder wachsen. Und wachsen. Paul kann gerade noch das Bäumchen ergreifen und den Kindern unten auf der Erde zurufen: »Den bringen wir in den Regenwald. Davon träumt er schon lange.«
Nun kommen sie schnell an ihr Ziel. Mit jedem Schritt legen sie 100 Kilometer zurück und gelangen endlich in den Regenwald!

»Endlich Regen«, seufzt Emma.

»Ich glaub, wir schrumpfen wieder«, meint Paul und Emma lacht: »Ja, wir laufen ein wie die Pullover in der Waschmaschine!«

Jetzt haben sie genau die richtige Größe, um die vielen Papageien und Äffchen zu beobachten, die auf den Ästen herumturnen. Und unter den mächtigen Kronen der riesigen Bäume regnet es auch nicht so stark.

Das Bäumchen murmelt verwirrt vor sich hin: »So groß hab ich mir den Urwald nicht vorgestellt.«

»Kopf hoch!«, ermuntert Emma ihn. »Du schaffst das. Wirst schon sehen, wie schnell du wieder wächst.«

Sie suchen ein freies Plätzchen, wo sie das Bäumchen einpflanzen können.
Als sie sich verabschieden, kullern ihnen Tränen über die Wangen. Kaum haben diese die
Erde neben dem Stämmchen berührt, wächst ihr kleiner Freund gleich ein Stück.
»Siehst du?«, lacht Paul. »Klappt doch! Und Regen gibt es hier ja genug!«

»Es hat aufgehört zu regnen, oder?«, fragt Emma, als sie sich verabschiedet und auf die Suche nach dem Ausgang aus dem Regenwald gemacht haben.
»Dafür ist es wieder so heiß«, bestätigt Paul. »Noch schlimmer, als in der Wüste.«
Sie können kaum atmen, so stickig ist die Luft. Sie kommen kaum vorwärts. Bis sich urplötzlich der Wald öffnet und sie an einem breiten Fluss stehen. Und da begreifen sie, was los ist: Auf der anderen Flussseite brennt der ganze Wald. Das heißt: es brennt, wo noch Wald steht. Weite Flächen sind schon verkohlt.
»Warum löscht denn der Regen das Feuer nicht aus?«, schreit Paul durch das krachende Prasseln des Feuers. Emma deutet nach oben, wo die Regentropfen verdampfen, bevor sie auf das Feuer fallen können.
»Wenn der Fluss in der Hitze austrocknet, breitet sich das Feuer auch auf unsere Seite aus!«, ruft Paul erschrocken.

Sie machen Kehrt und rennen weg, so schnell es geht.
»Wir müssen das Bäumchen retten, sonst verbrennt das auch noch!«, japst Emma.
»Wie kommt denn das Feuer in den Urwald?«, fragt Paul keuchend.
Die Antwort kommt sogleich von oben. Meerkatzen springen von Ast zu Ast, und eine ruft herunter: »Das sind die Menschen! Das sind die Menschen! So wollen sie Ackerland gewinnen.«
Und die anderen kreischen: »Aber es hilft nicht. Es hilft nicht.«
Eine kleine Meerkatze nähert sich den Kindern und fragt: »Und ihr, seid ihr nicht auch Menschen?«
Da rufen die anderen im Chor: »Ja, das sind Menschen! Das sind Menschen!«
Und sie packen Paul und Emma an den Haaren, ziehen sie hoch in die Baumwipfel, bis ihnen Hören und Sehen vergeht.

»Dass ihr aber auch nicht einmal ordentlich essen könnt«, schimpft Großmutter und sammelt den Broccoli vom Tisch. »Sogar Zweige habt ihr darunter gemischt. Pfui Teufel!«
Und sie wirft das Bäumchen aufs Tischtuch.
Emma und Paul schauen sich an.
»Äh, den wollen wir einpflanzen. Danke fürs Retten«, sagt Paul und nimmt das Bäumchen an sich.
»Ja, bei uns zu Hause«, fügt Emma hinzu. »Und einen Broccoli dazu.« Rasch schnappt sie sich das letzte Stück Broccoli vom Tisch.

Dann machen sie, dass sie nach Hause kommen!

Am nächsten Dienstag freuen sich die beiden schon auf das Mittagessen!
»Ist der Broccoli fertig?«, rufen Emma und Paul gleichzeitig, als sie bei Großmutter eintreten.
»Essen ist fertig, ja«, brummelt Großmutter. »Aber Broccoli koche ich nicht mehr für euch!«

»Oh nein!«, stöhnt Paul. »Müssen wir das essen?«
Aber Emma hat schon angefangen …

Bäume sind Leben – Natürliche Wiederbewaldung und Klimaschutz

Im Sahel südlich der Sahara sind Bäume ein rares Gut.

Die ganze Familie hilft beim Zaunbau.

Hinter dem Zaun wächst und grünt es.

Frauen sammeln und verarbeiten die Karité-Nüsse.

Verbesserte Kochstellen sparen Holz.

Die Imker gewinnen den Honig.